Lærdommens Tao

I samme serie:

Nærværets Tao
Kvinders Tao
Samværets Tao

PAMELA K. METZ

Lærdommens Tao

På dansk ved
Steen Dahl og Kirsten Mellor

Lindhardt og Ringhof

Lærdommens Tao
er oversat fra amerikansk efter
"The Tao of Learning"
Copyright © 1994 by Humanics Limited
Atlanta, Georgia, U.S.A.
Omslag: Anita Viola Nielsen
Bogen er sat med Garamond
og trykt hos Nørhaven A/S, Viborg
Printed in Denmark 1997
ISBN 0-89334-310-2

*Denne bog er tilegnet mine lærere,
mine studerende, mine venner
og min familie i hengivenhed og kærlighed.*

TAK

Jeg vil gerne rette en særlig tak til følgende forfattere, hvis bøger har været vigtige kilder i udviklingen af denne bog: Stephen Mitchell *(Tao Te Ching)*, R.L. Wing *(The Illustrated I Ching)*, Jean Shinoda Bolen *(The Tao of Psychology)*, Benjamin Hoff *(The Tao of Pooh)*, Kahlil Gibran *(The Prophet)*, Richard Fields et al. *(Chop Wood, Carry Water)*, and Gia-Fu Feng and Jane English *(Lao Tzu: Tao Te Ching)*.

Også tak til Gary Wilson fra Humanics Limited og til Carole Addlestone, som gjorde denne bog mulig.

FORFATTERENS BEMÆRKNING

I hele *Lærdommens Tao* har jeg brugt „hun" om læreren. „Han" bliver brugt om eleven. Både mænd og kvinder rummes i begge roller, og teksten kan læses med dette in mente.

Introduktion

Lærdommens Tao henviser til hvordan læreprocessen foregår. At lære og at undervise handler om mange ting. Nogle af disse „ting" kan man tale om, skrive om, observere og evaluere. Andre kan kun forstås ved den direkte erfaring, man kan have som elev og/ eller underviser. *Lærdommens Tao* er en bearbejdning af adskillige engelske oversættelser af Laotses *Tao Te King*, og den giver et ikke-traditionelt udtryk for læreprocessens mange veje. Hensigten med bogen er at inspirere og nære læseren. Du kan læse denne bog fra begyndelsen til enden, eller du kan slå tilfældigt op i den og få vejledning eller hjælp til at gennemtænke et problem eller et spørgsmål.

1

Hvad er Tao?

Tao handler om, hvordan tingene sker. Lærdommens Tao handler om, hvordan tingene sker i læreprocessen. Det, der kan siges om undervisning, er ikke det, der kan erfares.

Det, der sker, når der læres, kan ikke defineres. Det, som kan defineres, er ikke det, der sker i læreprocessen.

Vær opmærksom på det, der sker i læreprocessen uden at anstrenge dig. Vær åben over for det, der sker, uden at vurdere. Tao er måden, tingene sker på.

2

At undervise uden ord

Alle ting har sin modsætning. Hver især har de brug for hinanden for at kunne kunne eksistere: godt og ondt, fyldt og tomt, rigt og fattigt, sort og hvidt.

Derfor underviser den vise lærer uden ord og handler uden gøren.

Det er hendes rum, men hun ejer det ikke. Når hendes arbejde er overstået, går hun videre.

3

Ikke-handlen

Den vise lærer praler ikke og giver ikke høje karakterer til den, der viser sig. Så ville konkurrence og misundelse blive større.

Den vise lærer underviser ved ikke at handle og ved at aflære. Hun hjælper eleverne med at slippe alt det, de troede de vidste og stiller spørgsmål til dem, der tror, at de ved.

Hun praktiserer ikke-handlen for at eleverne kan finde deres talenter.

4

Fundamenter

Tao er ikke noget, du kan røre ved. Tao er som et fundament.

Et fundament bruges til at understøtte en bygning, men det er ikke synligt. Tao er den jord, som understøtter lærdommens fundament. Tao er den jord, der understøtter jorden. Taos dybde og bredde gør, at indlæring og undervisning får uendelige muligheder og aldrig bruges op.

5

Neutralitet

Tao tager ikke stilling; den ved af både godt og ondt. Den vise lærer tager ikke stilling; hun tager sig af alle elever med deres gode og onde sider.

Tao er som vinden, den er tom og rummer dog mægtige kræfter. Jo mere du forsøger at fange den, jo mindre får du fat i.

Vær tæt på din kerne, når du lærer.

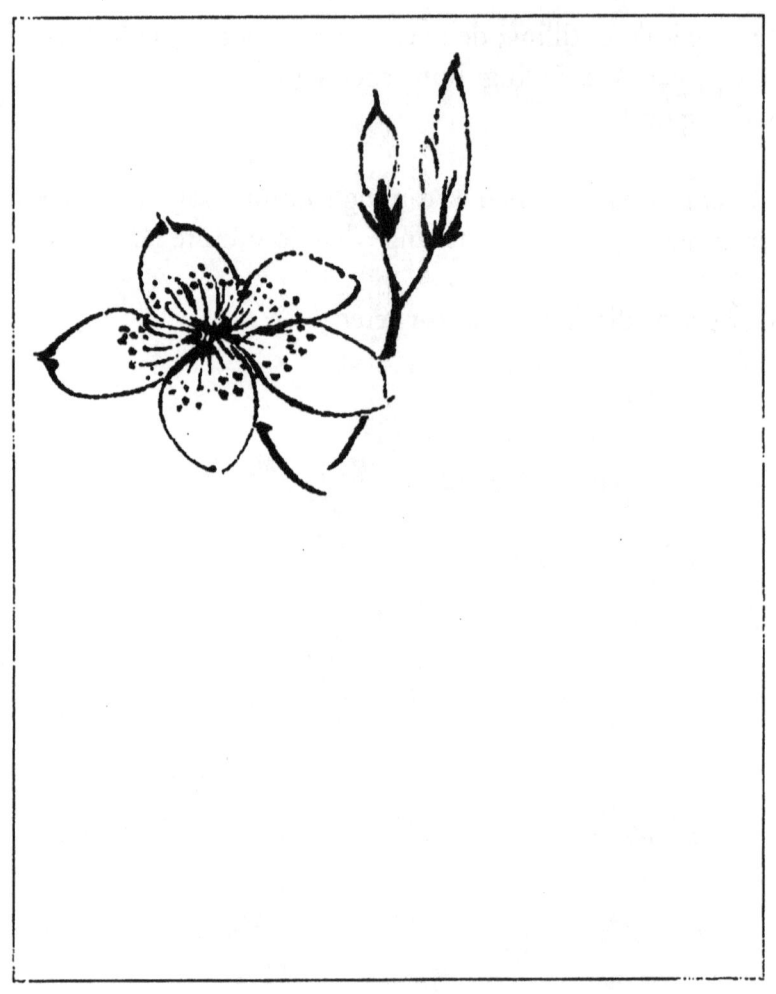

6

Åbenhed

Lærdommens Tao bringer 10.000 ting til live; den er tom og dog fyldt med liv. Tao er altid til stede og kan bruges, som du vil det.

Tao skjuler sig kun, når du lukker dig over for de uendelige muligheder.

7

At give slip/at være til stede

Læreren er til stede for sine elever, men hun ejer dem ikke. De er ikke „hendes" elever.

Hun tjener dem ved at give slip på sig selv. Når hun slipper sig selv, er hun til stede og fyldestgjort.

8

... Ægthed/At flyde som vand

Eleven må være som han er. I undervisningssituationen kan der ikke være noget bedrag.

Hindringer giver anledning til opdagelser – af energi, som vand der samler sig for at flyde udenom.

Lad livets naturlige bevægelse være til stede, når du lærer; tillad det uventede og ukendte at dukke op uden varsel. Når det sker, kan læreren og eleven sammen erfare det, som er nyt for dem begge.

9

At vide, hvornår du skal holde op

Tal for meget, og eleverne holder op med at lytte. Sid for længe, og eleverne bliver trætte. Anstreng dig for meget, og du taber vejen af syne.

Såvel læreren som eleverne har brug for at tage fri fra læreprocessen og fra hinanden. Afstand giver perspektiv, så man bedre kan komme tilbage til arbejdet og til hinanden.

En vis lærer ved, hvornår hun skal holde op.

10

Uden forventninger

Når du underviser, kan du så huske, hvorfor du begyndte? Kan du være fleksibel, når du støder på forhindringer? Kan du se klart for dit indre øje i det ukendtes mørke? Kan du være blid og hjælpe andre på vej uden at dirigere med dem? Kan du se stien og dog vente på at andre opdager deres?

Lær at undervise på en nærende måde. Lær at undervise uden at eje. Lær at hjælpe uden forventninger.

At lære fra sig uden at forsøge at kontrollere – det er en stor udfordring.

11

Tomhed

Man fletter eger sammen for at lave et hjul, men det er hullet i midten, som får vognen til at bevæge sig.

Man former ler til en krukke, men det er tomheden indeni, som gør krukken nyttig.

Man samler byggematerialer til en skole, men det er klasseværelsernes indre rum, som gør det muligt for os at lære sammen.

Eleverne arbejder med former og strukturer, men vi bruger også tomheden og stilheden til at lære.

12

Indre og ydre visioner

At se det, som ikke kan berøres. At forestille sig det, som endnu ikke er virkeliggjort. Lån eleverne en vision på deres egen vej til lærdom.

Den kloge lærer giver super-vision for at pege på nogle veje til mulighederne. Spændingsfeltet mellem indre og ydre læring er vigtig, når man skal vokse.

Læreren stoler på sin indre vision. Hun lader ideer komme og gå. Hendes hjerte er åbent som himlen.

13

Succes

I selve oplevelsen af at lære må eleven være på vagt over for succes. Når andre kalder din proces for en succes, kan det få de konsekvenser, at du holder op med at risikere fortsat at udvikle dig.

Det er vigtigt, at du ikke lader dig påvirke af dit gode omdømme. Håb og frygt kan få dig ud af balance. Tag dig af andre, som du tager dig af dig selv. Hav tillid til din egen vækst. Så kan du lære og samtidig holde balancen.

14

At slappe af

Når du kigger, kan det ikke ses. Når du lytter, kan det ikke høres. Når du rækker ud efter det, kan det ikke gribes. Når det, der sker i undervisningen, ikke er klart, skal du ikke arbejde for hårdt for at regne det ud.

I stedet skal du slappe af og lade dit indre øje se, hvad der sker. Lad dine sansninger og din intuition være dine vejledere.

Du kan ikke vide alt, men du kan være åben over for det ukendte og afslappet, når du møder mysteriet.

Når du er klar over kilden til alt, så kender du visdommens hjerte.

15

Lærerens lærere

Lærerens lærere kom med modellerne, men læreren må skabe sin egen vej. Læreren venter og lytter til eleverne. Hun skynder ikke på dem, for at de kan komme til hendes konklusioner.

Frygt burde ikke dominere i indlæringsmiljøet. Lærdom tilegnet i frygt holder ikke. Børn lærer gennem leg. Voksne leger for at lære. Selv ved alvorlig indlæring kan legelysten være til stede.

16

At dele kompetence/bemyndigelse

Når der læres, ligesom i livet, må kompetencen deles. Sammen giver elever og lærere hinanden kompetence i læreprocessen.

Når elever kan samarbejde, har de meget at vinde. Så bliver de hver især lærer og elev og genskaber derved læresituationen.

Når lærerens arbejde er fuldendt, er hun parat til at holde op.

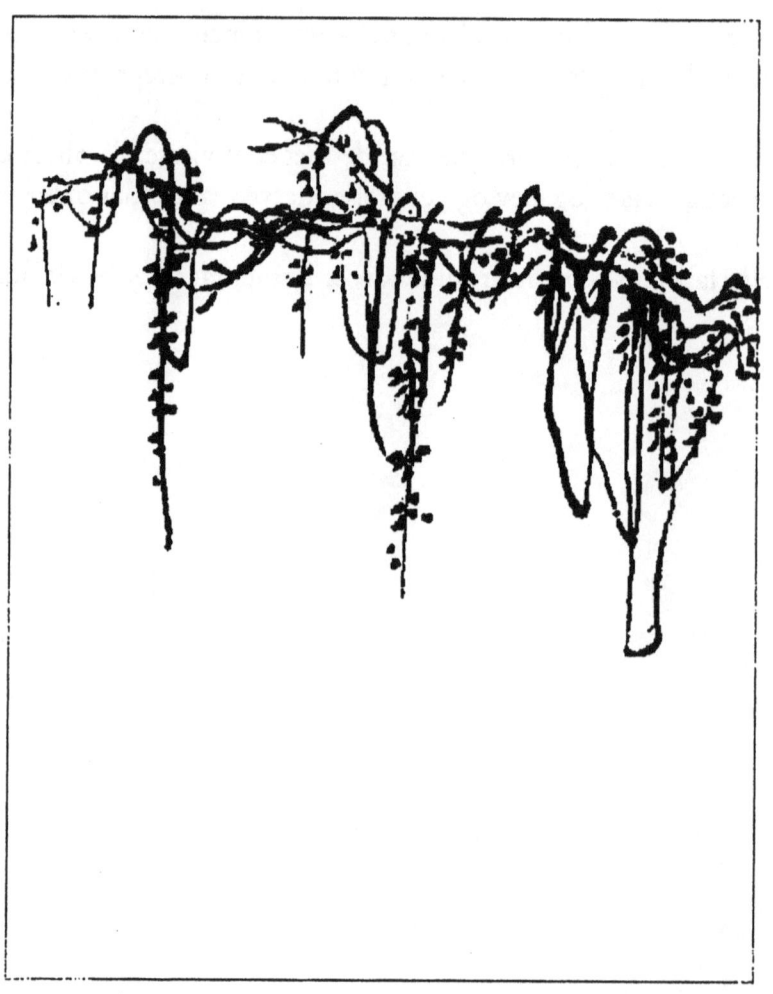

17

Læreren som jordemoder

Når den vise lærer underviser, er eleverne knap nok klar over, at hun eksisterer. Det næstbedste er en lærer, der er elsket. Så en lærer, der er frygtet. Det værste er en lærer, der er hadet.

Hvis læreren ikke har tillid til eleverne, så kan de ikke få tillid til hende. Den lærer, som støtter når lærdommen fødes, hjælper eleverne med selv at opdage det, som de hele tiden har vidst.

Når hendes arbejde er ovre, siger eleverne, „Utroligt! Vi gjorde det selv!"

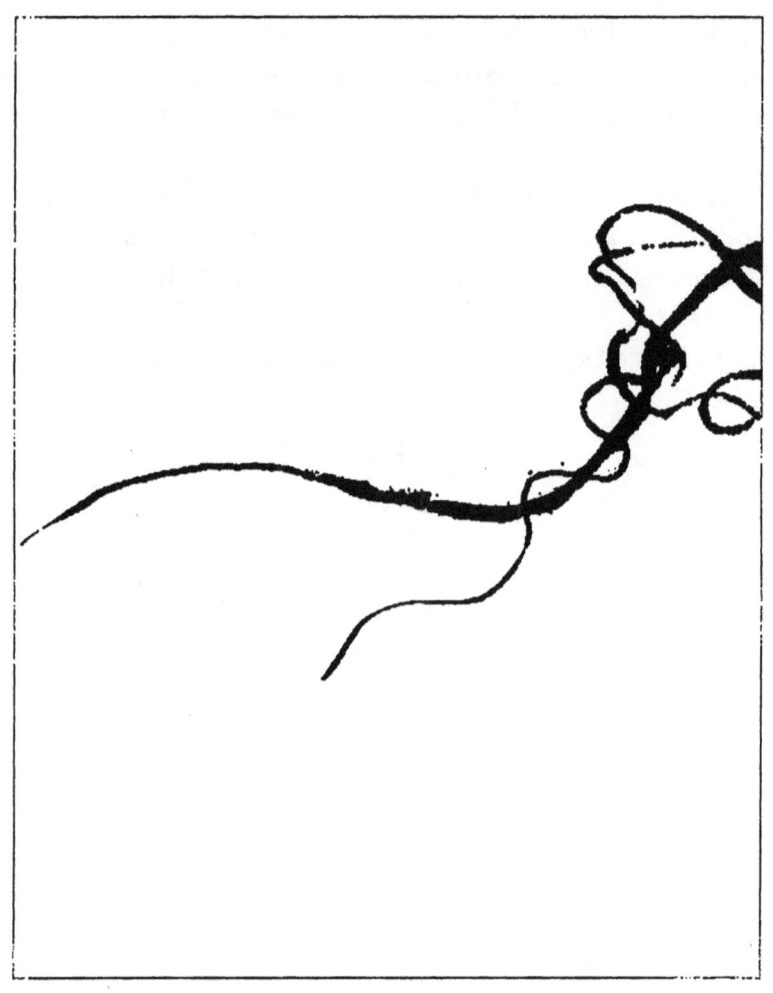

18

Orden i kaos

Når Lærdommens Tao er glemt, dukker lydighed og underkastelse op.

Når elevernes forståelse svinder ind, så forøges beregning og svigagtighed. Når der ikke er fred i undervisningssituationen, så udvikler der sig en leflen for læreren.

Når undervisningssituationen er kaotisk, så dukker begyndelsen til orden frem.

19

At være centreret

Fjern overlegenhed og arrogance og eleverne bliver glade. Kast Vurderinger og regler bort, og eleverne gør det rette. Fjern slavearbejde og karakterer, og snyderiet ophører.

Hvis dette ikke er nok, så hold dig til situationens kerne og lad læreprocessen udvikle sig af sig selv.

20

Undervisningsvisdom

Undervisning tager det sædvanlige, det almindelige og skaber noget usædvanligt i formidlingen. Kun efter formidlingen er overstået, kan eleven forstå hvor usædvanlig undervisning er.

Hver dag gentager læreren de handlinger, som fører til forståelse. Hug brænde, hent vand hver dag. Læreren demonstrerer simple opgaver, som fører til simple sandheder.

Uden rutine er der ingen lærdom. Uden overraskelser er der ingen visdom.

21

Ét med Tao

Det, som giver dig glæde, er også kilden til din bedrøvelse. Tillad dig at være fri, så du kan opleve at lære med Tao.

En lærer kan ikke gå med sine elever; hun kan kun udpege vejene. Efter afrejsen kan eleverne vende tilbage med nyheder om deres rejser.

22

Paradoks

Lærerens rolle er ikke den samme som elevernes. Spændingsfeltet mellem læreren og eleverne skaber læreprocessens yin og yang.

Hvis en lærer ønsker at være hel, må hun blive til delene. Hvis hun ønsker at være rank, må hun tillade sig at være krum. Hvis hun ønsker at være fyldt, må hun tillade sig at være tom. Hvis hun ønsker at blive genfødt, må hun åbne sig for døden. Hvis hun ønsker at modtage, må hun opgive alt. Ved at undervise med Tao bliver den vise lærer et forbillede for sine elever.

Eleverne kan nyde hende som forbillede, fordi hun ikke praler. Eleverne kan stole på hendes budskaber, fordi hun ikke har noget, hun skal bevise. Eleverne kan spejle sig i hende, fordi hun ikke foregiver at være noget, hun ikke er. Hun har succes med sin undervisning, fordi alt er muligt.

Da de første lærere sagde, „Hvis du ønsker at få noget, skal du give slip på alt," talte de sandhed.

Når en lærer er med Tao, kan hun være helt sig selv.

23

At være stille

Sig, hvad du har at sige, og vær så stille. Vær som naturen: når det blæser, er det vinden; når det regner, er det kun regnen; efter at skyerne er blæst væk, skinner solen.

Hvis du er åben for at lære med Tao, så har du harmoni og balance; du kan favne det fuldt og helt. Hvis du er åben for eftertænksomhed, så er du klar og eftertænksom; du kan se helt. Hvis du er åben for tab og sorg, kan du acceptere forandringer.

Vær stille og åben for at lære med Tao. Stol på dine naturlige processer, og puslespillet vil falde på plads.

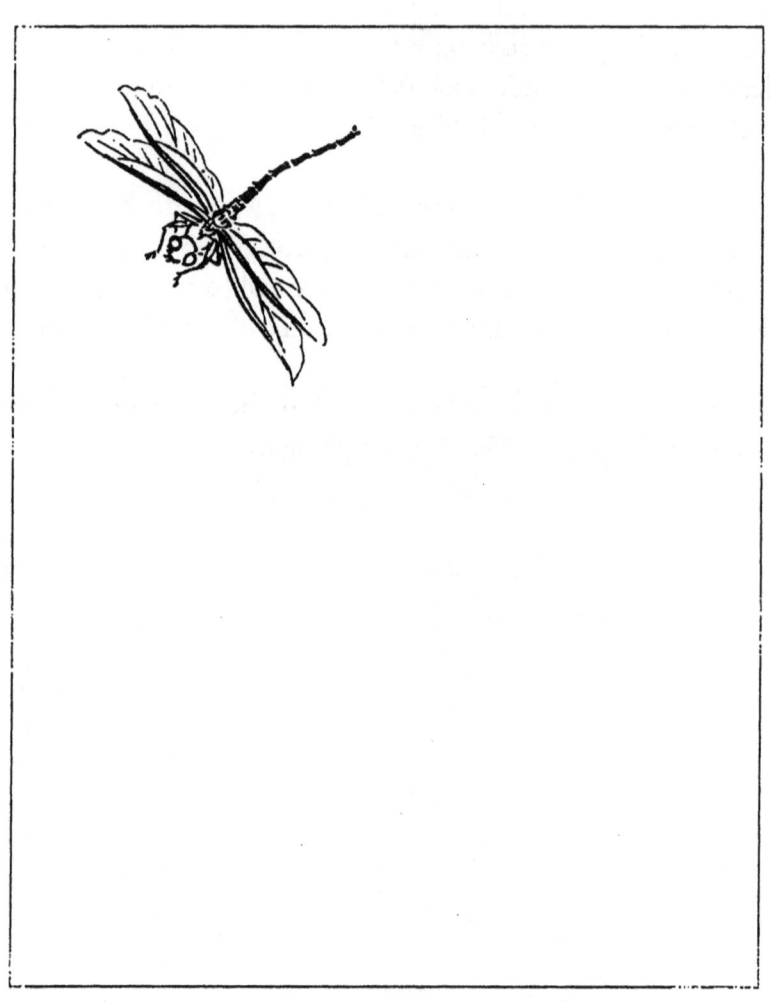

24

At anstrenge sig for meget

Hvis du står på tå, får du overbalance. Hvis du bevæger dig for hurtigt, kommer du ikke så langt. Hvis du praler, dæmper du dit eget lys.

Den elev, som sætter etiketter på sig selv, ved ikke rigtigt hvem han er. Den lærer, der har magt over andre, kan ikke bemyndige sig selv. Den lærer, som ikke kan slippe, skaber ikke noget, der varer.

Hvis du gerne vil kende lærdommens Tao, så gør blot dit arbejde og giv så slip.

25

Før begyndelsen

De, som lærer sammen med os, er en del af helheden. De, som har lært før begyndelsen, er også en del. De, som lærer efter os, fuldender cirklen.

Kun enkelte undervisningstimer har en begyndelse og en slutning. Sand læren og undervisning kom før begyndelsen og fortsætter efter afslutningen.

26

At bevare jordforbindelsen

Læreren, der kender sine rødder, kan arbejde med vanskelige elever uden at miste balancen.

At bevare jordforbindelsen betyder, at læreren kan rejse hele dagen uden at forlade læresituationen. Trods fristelser forbliver hun rolig ansigt til ansigt med konflikt.

Hvorfor skulle læreren lade sig trække ind i denne eller hin diskussion? Hvis hun lader sig føre af sted med vinden, mister hun kontakten med sine rødder. Hvis hun bliver usikker, mister hun kontakten med hvem hun er.

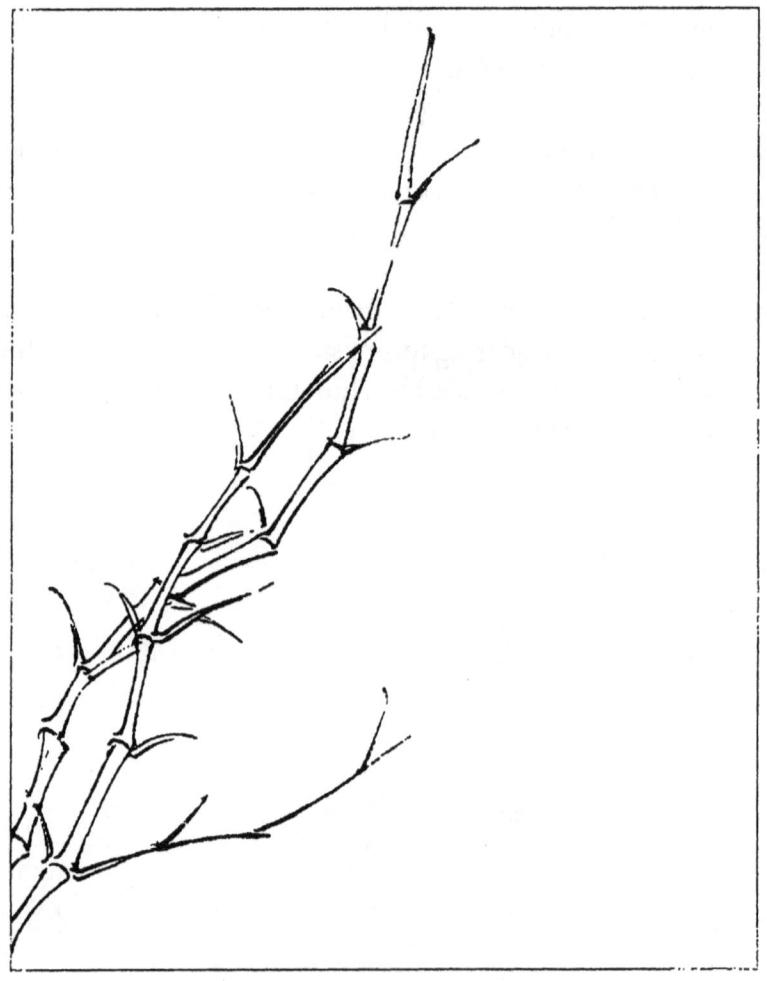

27

At være fleksibel

En god lærer laver fleksible timeplaner, og er ikke kun ude på at komme igennem stoffet. En god lærer følger sin intuition, og lader den lede hende igennem timen. En god lærer holder sig fri af forudfattede ideer og holder sit sind åbent for det, der sker. Den enestående lærer er én, der er tilgængelig for alle elever og ikke afviser nogen. Hun er parat til at udnytte situationer, der opstår, og lader intet gå til spilde. Det kaldes at være fleksibel.

Er en god elev ikke en dårlig elevs lærer? Er en dårlig elev ikke en god lærers udfordring?

Hvis dette ikke er indlysende for dig, vil du gå vild, lige meget hvor mange eksaminer du har.

Det er det store mysterium.

28

Læreprocessens Yin/Yang

Vær opmærksom på det mandlige. Men, hold dig til det kvindelige; tag verden i dine arme. Hvis du favner verden, vil du være som et uskyldigt barn.

Vær opmærksom på lyset. Men, hold dig til mørket; vær et mønster for det at lære. Hvis du er et mønster i læresituationen, vil du virkeliggøre Tao, og du vil møde stor frihed.

Vær opmærksom på det personlige. Men, hold dig til det upersonlige; acceptér alle, hvor de er. Hvis du er accepterende, vil du virkeliggøre Tao, og du vil vende tilbage til dit oprindelige selv. Læresituationen er skabt af tomhed, som en skulptur af en træklods. Den kloge elev kender til skulpturen. Dog har han respekt for træklodsens værd. På den måde kan han bruge alt.

29

Hver ting til sin tid

Vil du redde verden? Det tror jeg ikke, du kan. Verden er hellig. Den kan ikke reddes. Hvis du blander dig i den, så ødelægger du den. Hvis du behandler den som en ting, så mister du den.

Til tider handler det om at komme frem, og til tider handler det om at være bagud; til tider at bevæge sig, til tider at hvile; til tider at være energisk, til tider at være træt; til tider at være omhyggelig, til tider at kaste forsigtighed over bord.

Den vise elev ser tingene, som de er, uden at forsøge at kontrollere dem. Han lader dem udvikle sig, som de vil, mens han bliver i cirklens centrum.

30

Konflikt i læresituationen

Den, som lærer fra sig med Tao, forsøger ikke at overtale eller vinde over eleverne med straf. Hver handling skaber en reaktion. Selv når straf er velment, så falder den tilbage på en selv.

Den vise lærer gør sit arbejde og standser så. Hun forstår, at meget i verden ligger uden for hendes kontrol, og at forsøge at kontrollere alt går imod det at lære med Tao.

Fordi hun tror på sit arbejde, forsøger hun ikke at overbevise andre. Fordi hun er tilfreds med sig selv, søger hun ikke andres bekræftelse. Fordi hun accepterer sig selv, accepterer andre også hende.

31

Disciplin

Straf er disciplinens redskab; vise lærere undgår den. Straf er frygtens redskab; vise lærere bruger den kun sjældent og om nødvendigt med måde.

Fred er af stor værdi. Hvordan kan læreren være tilfreds, hvis freden er blevet brudt?

Hendes elever er ikke fjender, men mennesker som hun selv. Læreren ønsker ikke at volde dem ondt og nyder heller ikke at straffe dem. Hvordan ville hun kunne nyde deres fiaskoer og finde behag i deres tab af kontrol?

Den vise lærer skaber en læresituation med sand venlighed, et sted hvor selv-disciplin er målet.

32

Harmoni

Det kan ikke ses, når man lærer med Tao. Mindre end et atom, indeholder det utallige verdener. Hvis stærke lærere var centrerede i Tao, ville klasseværelserne være harmoniske. Skoler ville være centrerede, folk ville omgås fredeligt, og regler ville blive fulgt.

Når du benytter bøger og prøver, vær da klar over, at de er begrænsede af tiden. Når du har institutioner, forstå da, hvornår de ikke slår til. Når du ved, hvornår du skal stoppe, kan du undgå fare.

Alt begynder og ender i Tao, ligesom vandløb og floder flyder ud i havet.

33

Kend dig selv

Hvis du kender andre, er du klog; hvis du kender dig selv, er du vis. At have magt over andre er styrke; at have magt over sig selv er visdom.

Hvis du ved hvor meget, der er nok, er du i sandhed rig. Hvis du kan forblive centreret og favne både liv og død med hele din væren, vil du leve evigt.

34

Storhed

Lærdommens Tao er allevegne. I læresituationen kommer alting fra den, selvom den ikke skaber dem. Den hengiver sig til sit arbejde, men den praler ikke. Den sørger for eleverne, men holder dem ikke fast.

Fordi lærdommens Tao er en del af alting, kan den være ydmyg. Eftersom alting indgår i den, og den tåler alt, kunne den regnes for stor.

Det ved den ikke af; derfor er den i sandhed stor.

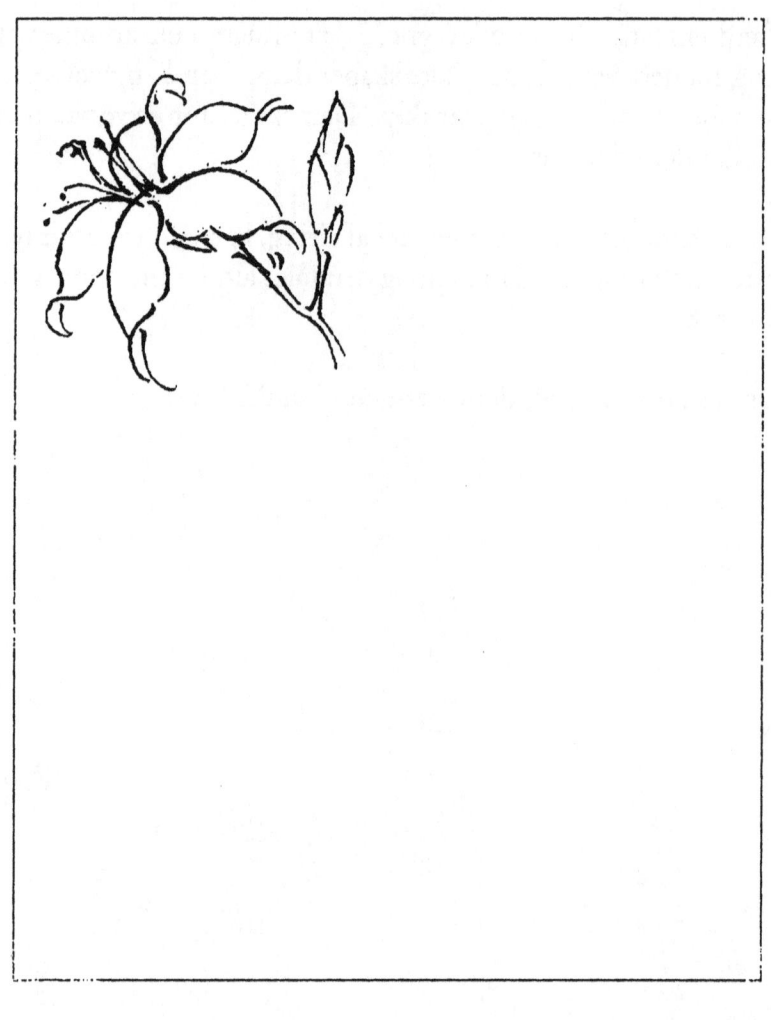

35

Enkelhed

Eleven, der lærer med Tao, kan bevæge sig, hvorhen han vil, uden besvær. Selv når der er kaos, ser han hele billedet, fordi han har et roligt hjerte.

Sange og duften af god mad får folk til at stoppe op og nyde.

Ord, der beskriver det at lære med Tao, er enkle og ligetil. Når du kigger efter Tao, kan du ikke se den. Når du lytter efter Tao, kan du ikke høre den. Når du bruger Tao i læreprocessen, kan du ikke bruge den op.

36

Stærk og svag

Når du ønsker at gøre noget mindre, så skal du først lade det vokse. Når du ønsker at udradere noget, så skal du først lade det blomstre. Når du ønsker at eje noget, skal du først tillade at det bliver givet væk. Dette kaldes bevidstheden om den måde, tingene er på.

Den svage overvinder den stærke. Den langsomme overhaler den hurtige.

Lad din læreproces forblive et mysterium. Lad resultaterne tale for sig selv.

37

At gøre mindre

Tao gør intet, og dog gøres alt derigennem. Hvis usædvanlige lærere kunne centrere sig i Tao, ville deres omgivelser transformeres af sig selv i naturlige mønstre.

Elever ville blive tilfredse over enkelheden i deres dagligliv, i harmoni og frie for begær. Når der intet begær er, så er læresituationen fredelig.

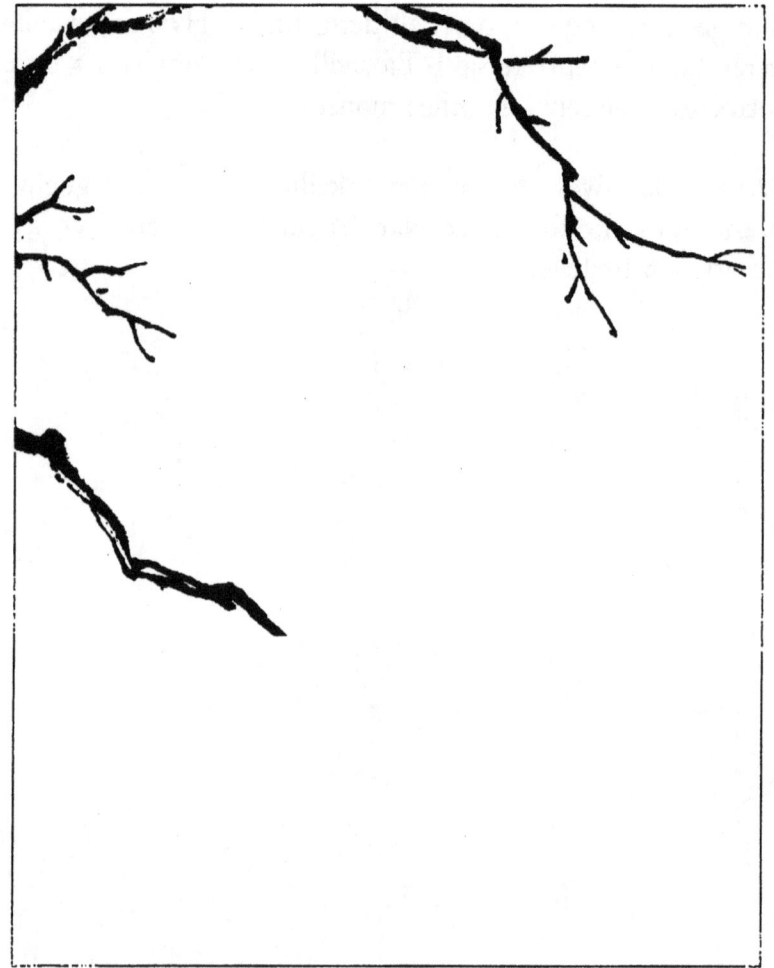

38

Usædvanlig undervisning

Den usædvanligt gode lærer prøver ikke på at være magtfuld; derfor er hun i virkeligheden stærk. Den almindelige lærer forsøger hele tiden at skaffe sig magt, og hun får aldrig nok.

Den vise lærer gør ikke noget særligt, men hun lader alligevel ikke noget ugjort. Den almindelige lærer har altid travlt, men alligevel mangler hun at gøre meget. Den venlige lærer gør noget, men alligevel mangler hun at gøre noget. Den retfærdige lærer gør noget, og der er mange ting, der mangler at blive gjort. Den moralske lærer gør noget, og når eleverne ikke reagerer, bruger hun magt.

Derfor er den usædvanligt gode lærer optaget af helheden og ikke bare af facaden, af frugten og ikke blomsten. Hun lever i den virkelige verden og giver slip på forestillinger.

39

En lærers styrke

Når læreren er i overensstemmelse med Tao, er situationen klar og rummelig, og eleverne har benene plantet på jorden og er modtagelige. De vokser alle sammen og er tilfredse med deres fremgang. De trives og fornyer sig selv.

Når en lærer piller ved Tao, bliver situationen besværlig og eleverne bliver fjendtlige; balancen er ødelagt og muligheder spildt.

Den vise lærer ser på alle dele med indføling og håb, fordi hun forstår helheden. Hun øver sig bestandigt i ydmyghed. Hun glimter ikke som en diamant, men lader sig selv blive glat og fast som en sten.

40

Pause

Når man lærer med Tao, vender man tilbage til sin egen kerne.
Når man holder pause, lærer man med Tao.

Alle ting kommer fra væren. Væren kommer af ikke-væren.

Husk i læreprocessen at holde pause, at vende tilbage til din kerne, så vil du også komme tilbage til det at lære med Tao.

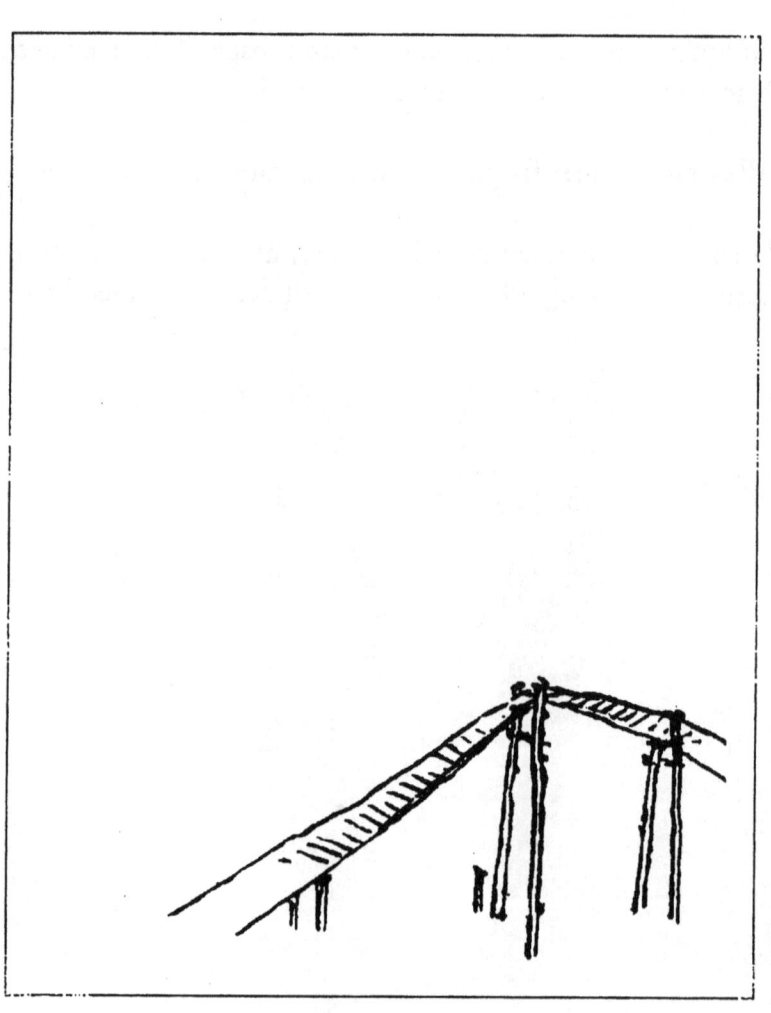

41

God, bedre, bedst

Når den vise lærer hører om Tao, begynder hun straks at virkeliggøre den. Når den gode lærer hører om Tao, tror hun kun halvhjertet på den. Når en dum lærer hører om Tao, latterliggør hun den. Hvis ikke hun lo ad den, ville den ikke være lærdommens Tao.

Det siges, at: vejen mod lyset synes mørk; vejen frem fortaber sig bagud; den korte vej virker lang; styrke synes svag; lighed synes uretfærdig; oprigtig vilje synes tvivlsom; den sande vision forekommer sløret; det bedste arbejde forekommer utilstrækkeligt; den største kærlighed synes uden omsorg; den højeste visdom virker tåbelig.

Lærdommens Tao er ikke noget, der kan findes, og dog nærer og fuldender den alle ting.

42

Skabelse

Lærdommens Tao giver liv til En. En skaber To. To føder Tre. Tre skaber alting.

Alt rummer skabende muligheder. Når polariteter går sammen, opstår der harmoni.

Almindelige elever bryder sig ikke om ensomhed. Den vise elev udnytter den, tager sin væren alene til sig, og er bevidst om sin plads i universet.

43

Blidhed

De blideste ting i undervisningsmiljøet klarer de hårdeste udfordringer.

Det, der ikke har nogen substans, kan komme ind, hvor der ikke er noget rum. Det viser værdien af ikke at handle.

At lære uden ord, at gøre uden handling – det er lærdommens Tao.

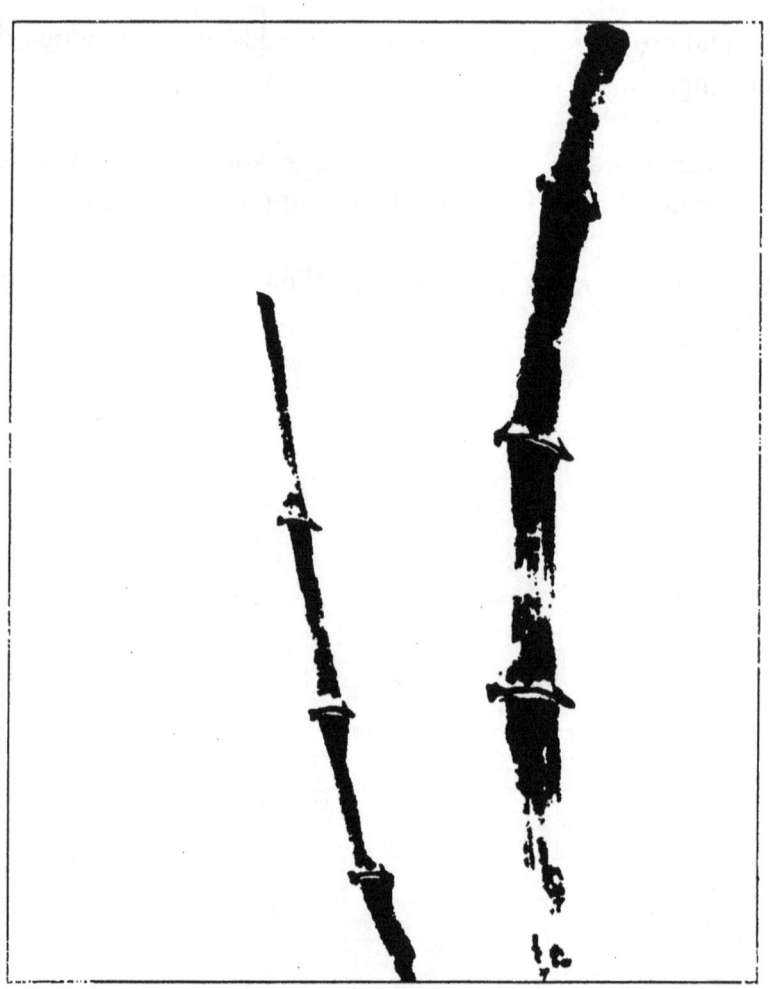

44

Tilfredshed

Ry eller indre fred: Hvad er vigtigst? Rigdom eller tilfredshed: Hvad er mest værdifuldt? At vinde eller at tabe: Hvad er mest skadeligt?

Hvis en elev er afhængig af andre for at opleve tilfredshed, vil han aldrig blive tilfreds. Hvis hans lykke afhænger af penge, vil han aldrig hvile lykkeligt i sig selv.

Vær tilfreds med din verden; pris den måde tingene er på. Når du forstår, at intet mangler, kan du eje hele verden.

45

At være tåbelig

Virkelig lærdom kan være ufuldkommen, men dog alligevel fuldkommen i sig selv. Virkelig fuldendthed synes tom, men er dog helt færdig.

Livets rette vej kan somme tider være snoet. Virkelig visdom ser tåbelig ud. Sand kunst synes ukunstlet.

Den vise lærer tillader at ting folder sig ud. Hun har omsorg for ting, mens de sker. Hun træder til side og tillader Tao at tale for sig selv.

46

Frygt

Når undervisningsmiljøet er i harmoni med Tao, udmærker eleverne sig. Når læremiljøet ikke er i harmoni med Tao, er eleverne uproduktive og kæmper med hinanden.

Frygt er en stor illusion. Den får lærer og elever til at forsvare sig, og skaber derved vindere og tabere. Hvis en lærer kan fjerne frygt, vil undervisningsmiljøet blive et sikkert sted for alle.

47

Væren i nuet

Uden at åbne døren til klasseværelset kan læreren åbne hjerter til verden. Uden at åbne vinduer kan elever erfare Taos essens. Jo mere du studerer, jo mindre forstår du.

Den enestående lærer bliver nærværende uden at bevæge sig, ser lyset uden at kigge, når målet uden at gøre noget.

48

Ikke-indblanding

Når man tager en uddannelse, så læres der noget nyt hver dag.
Når man lærer med Tao, så er der noget, der aflæres hver dag.

Det er nødvendigt, at læreren dag for dag påtvinger mindre og mindre lærdom, indtil hun til sidst kommer til ikke-indblanding. Når intet gøres, så er der intet, der ikke gøres. Sand lærdom kan kun opnås ved at give slip eller aflære. Det kan ikke opnås gennem indblanding.

49

Tillid

Den usædvanlige lærer vil ikke have sin vilje med andre. Hun arbejder med sine elevers bevidsthed. Hun er venlig over for venlige elever. Hun er også venlig over for uvenlige elever. Dette er sand venlighed.

Hun har tillid til troværdige elever. Hun har også tillid til utroværdige elever. Dette er sand tillid.

Den usædvanlige lærers måde at være på er som den store himmel. Elever forstår hende ikke. De respekterer hende og forbliver åbne. Hun har tillid til eleverne, som om de er en del af hende selv.

50

Begyndelser og afslutninger

Den vise elev giver sig helt hen til læreprocessens udfordringer. Han ved, at alt har en afslutning og at der ikke er noget at klynge sig til: ingen vildveje i sindet, ingen tøven i kroppen. Han planlægger ikke sine handlinger; de kommer fra kernen af hans eksistens. Han holder intet væk fra sin læreproces; derfor er han parat til alt, ligesom et menneske er parat til at hvile efter en hel dags arbejde.

51

Forbindelser

Hver elev er et udtryk for Tao. Tao opstår, ubevidst, helt og frit, bliver fysisk og lader derefter livskraften fuldende sig. Det er derfor alle kan være i harmoni med Tao.

Tao er alle tings kilde. Tao nærer dem, tager sig af dem, beskytter dem og bringer dem tilbage til sig selv.

Når man lærer med Tao, skaber man uden at eje, handler man uden forventninger, vejleder man uden at dirigere. Det er derfor, Tao er måden hvorpå man kan forbinde sig med det at lære.

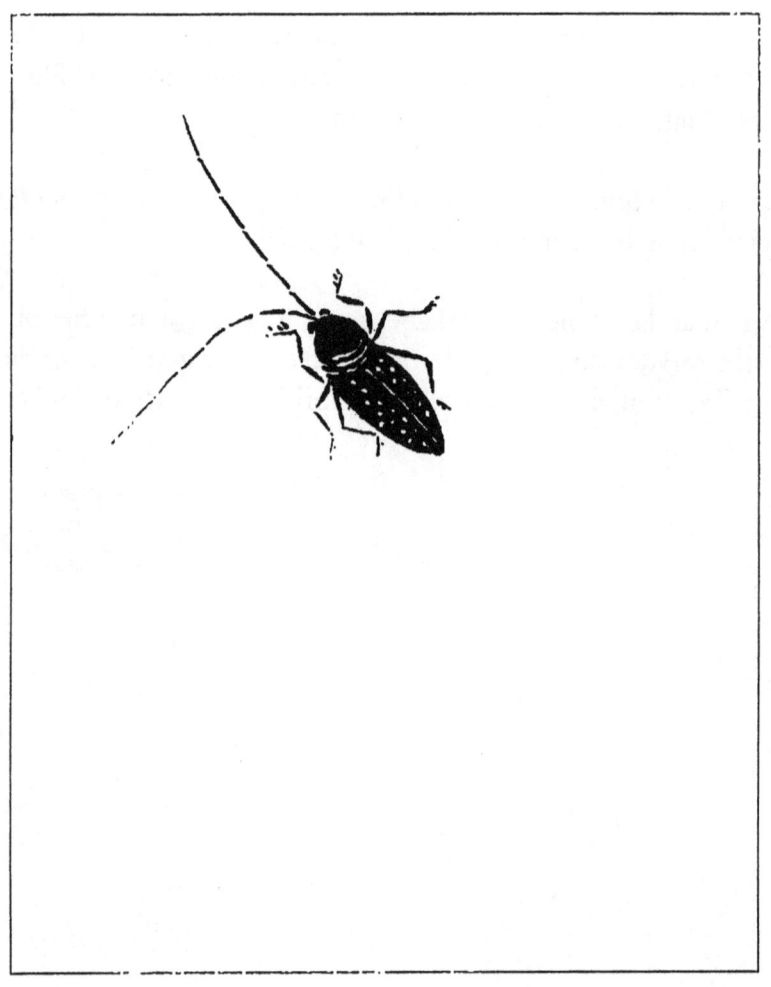

52

Kilden

I begyndelsen var kilden. Alt kommer fra den; alt vender tilbage til den.

Hvis du vil finde Tao, skal du følge stien. Når du genkender mønstrene og finder dine rødder, så forstår du.

Hvis du lukker dit sind og til stadighed dømmer dine lærere, så vil dit hjerte blive tungt. Hvis du afholder dig fra at dømme og ikke lader dig narre af det tilsyneladende, så kan du finde fred.

Hvis du kan se i mørke, så har du en klar opfattelsesevne. Hvis du kan give efter, så har du styrke. Vær opmærksom på dit eget lys og vend tilbage til dets kilde. Det er at komme hjem.

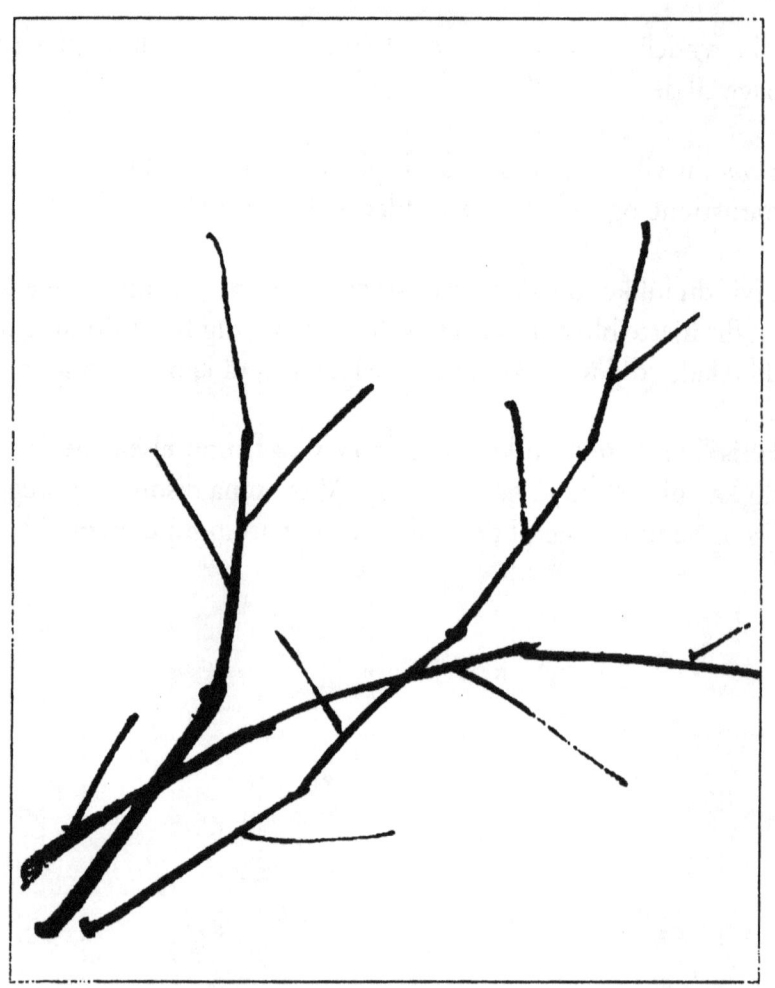

53

Besiddelser

Godhedens vej er let, men nogle elever går ad sideveje. Vær forsigtig, når der er ubalance. Hold dig i balance i Tao.

Når velstående finansmænd bliver rige, mens landmænd mister deres jord, når regeringer bruger penge på våben i stedet for til bøger, når de rige er ødsle og ufølsomme, mens de fattige intet har, så er det kriminelt og kaotisk. Det er ikke i Taos ånd.

54

At lade det gå videre: Hver lærer videre til én

Den lærer som er ét med Tao, bliver ikke sat fra bestillingen. Den lærer som virkeliggør lærdommens Tao, rejser ikke uden at sige farvel. Hendes navn bliver respekteret år ud og år ind.

Lad Tao komme til stede i din undervisning, og du bliver virkelig. Lad den være til stede i klasseværelset, og eleverne vil komme til at blomstre. Lad den være til stede i din skole, og skolen vil blive et mønster for andre skoler. Lad den være til stede i dit land, og der vil opstå harmoni.

Hvordan kan det være sandt? Se ind i dig selv. Hver af jer, undervis én og lad det gå videre.

55

Som en nyfødt baby: Begynderens sind

Den elev, som er i harmoni med Tao, er som en nyfødt baby. Knoglerne er smidige, musklerne er bløde, men grebet er fast. Den ved ikke, hvordan børn skabes, og dog er den et vidnesbyrd om processen. Den kan græde natten lang uden at miste stemmen.

Elevens styrke er som en nyfødts. Han lader alt komme og gå uden anstrengelse, uden begær. Han har ikke forventninger; derfor bliver han ikke skuffet. Og da han aldrig bliver skuffet, så forbliver han ung og forventningsfuld i ånden.

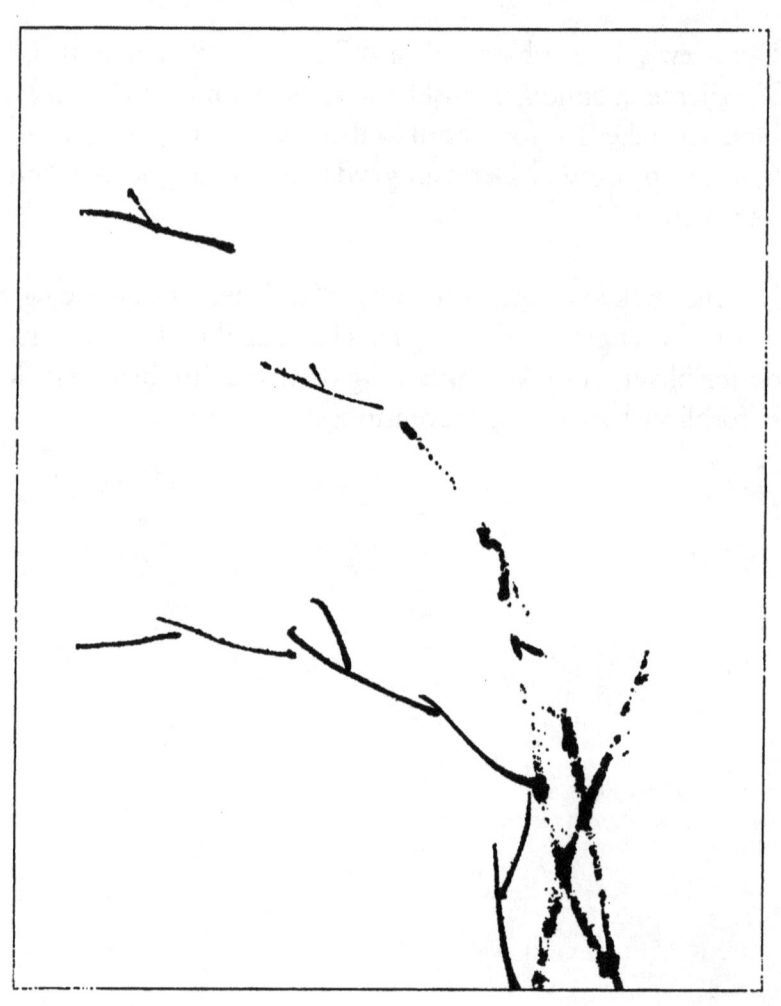

56

Integritet

De som ved taler ikke. De som taler, ved ikke. Luk munden, dæmp dine sanser, løs dine knuder op, udvisk dit syn, betal dine regninger. Dette er fundamental integritet.

Vær som Tao. Den kan ikke tages eller gives, forfremmes eller besudles, æres eller vanæres. Den giver slip på sig selv igen og igen. Det er derfor, den overlever.

57

At gøre mindre er at gøre mere

Hvis du ønsker at være en usædvanlig lærer, så lær at følge Tao. Hold op med at forsøge at kontrollere; slip planer og ideer. Læresituationen skal nok selv klare det.

Jo flere begrænsninger du giver, jo mindre føjelige bliver eleverne. Jo mere du straffer, jo mindre trygge bliver eleverne. Jo mere du hjælper, jo mindre selvstændige bliver eleverne.

Således siger den vise lærer: „Jeg slipper reglerne, og eleverne bliver ærlige; jeg slipper begrænsninger, og eleverne overgår mig; jeg slipper påmindelserne, og eleverne gør det, de skal; jeg slipper ønsket om alles bedste, og det gode bliver så almindeligt som sten."

58

Udfoldelse: At være et eksempel

Hvis læresituationen styres med accept, bliver eleverne afslappede og ærlige. Hvis den benytter sig af undertrykkelse, bliver eleverne vanskelige og uvorne.

Hvis læreren går efter magt, vil mere magt give mere modstand fra eleverne. Prøv at gøre eleverne lykkelige, og du lægger grunden til utilfredshed. Prøv at gøre eleverne ærlige, og du lægger grunden til bedrag.

Derfor er den vise lærer tilfreds med at være et eksempel og prøver ikke at tvinge sin vilje igennem. Hun udtrykker sig præcist, men presser ikke. Hun er direkte, men fleksibel. Hun er lysende klar, men skærer ikke i øjnene.

59

Mådehold

For ret at lære er intet så vigtigt som mådehold. Den mådeholdne elev er fri af sine egne ideer.

Han er så accepterende som himlen, så konsekvent som solopgangen, så sikker som et bjerg, så bøjelig som en bambus i blæst. Han har ingen forudfattede forventninger og benytter sig af, hvad end livet bringer ham.

Intet er umuligt for den mådeholdne elev, fordi han har givet slip. Han kan tage sig af sin egen velfærd, som kærlige forældre tager sig af deres børn.

60

Naturlig proces

At lære er ligesom at stege en lille fisk. Du kan ødelægge den ved at skubbe den for meget rundt.

Centrer din læren i Tao, og vanskeligheder vil ikke få magt. Ikke at der ikke vil komme vanskeligheder, men du vil kunne bøje af for dem. Hvis du ikke giver vanskeligheder nogen modstand, vil de forsvinde af sig selv.

61

Ydmyghed

Når en lærer udvikler stor kompetence, bliver det som et hav: Bække og floder flyder ned til det.

Jo mere kompetent læreren er, jo mere brug er der for ydmyghed. At besidde ydmyghed betyder at stole på Tao og ikke behøve at forsvare sig.

En stor skole er som en stor person: når den begår en fejl, bliver den opmærksom på den; når den bliver opmærksom på den, retter den den; den regner dem, der giver den kritik, som sine vigtigste lærere. Den tænker på sin skygge som sin egen fjende.

Hvis et klasseværelse er fordybet i Tao, hvis det passer og plejer sine elever og ikke tager sig af andre klasseværelsers sager, så kan det være et forbillede for resten af skolen.

62

At fejle

Tao befinder sig ved hjertet af det at lære. Den er den gode elevs rigdom og den dårlige elevs sikre havn.

Priser kan vindes ved hjælp af smigrende ord. Respekt kan opnås ved enestående arbejdsindsats. Men Tao er hinsides rigdom, smiger, eller arbejde, og ingen kan gøre den til sin ejendom.

Så, når en ny elev kommer til, lad da være med at tilbyde hjælp i form af rigdom eller færdigheder. Tilbyd i stedet at lære ham om at lære med Tao.

Hvorfor satte de første lærere pris på Tao? Når en lærer er ét med Tao, så finder hun, når hun søger; når hun laver en fejl, lærer hun og hun får tilgivelse. Det er derfor, det værdsættes at lære med Tao.

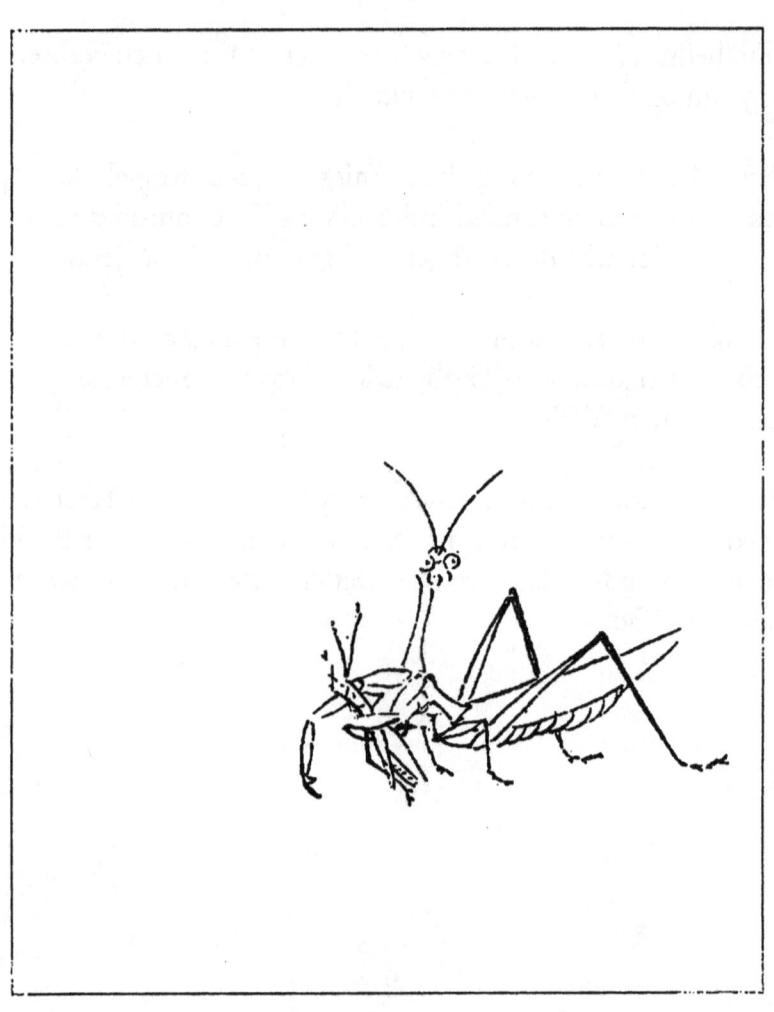

63

At tage chancer

Lær ved at være; arbejd uden anstrengelse. Se småt som stort, og få som mange. Mød udfordringerne, mens de er håndterlige. Fuldend det hele med en række små handlinger.

Den dygtige elev stræber ikke efter fuldkommenhed; derfor opnår han fuldkommenhed. Når han løber ind i en forhindring, standser han og griber den. Han er ikke bange for at tage chancer; derfor er der intet at frygte.

64

Livsafsnit

Det, der har rødder, er let at nære. Det nye er let at ændre. Det stive er let at brække. Forebyg vanskeligheder, inden de opstår. Få styr på tingene, inden de bliver skabt.

De amerikanske kæmpefyr voksede op fra en lille spire; rejsen på 10.000 kilometer begynder med at tage ét skridt. Ved hastig handling, risikerer du at fejle. At holde fast i ting kan få dig til at miste dem. Ved at haste med at gøre projekter færdige, kan du ødelægge muligheder.

Den vise lærer underviser ved at lade tingene gå deres gang. Hun er lige så rolig ved begyndelsen som ved afslutningen. Hun ejer ingenting; derfor har hun intet at miste. Det hun ønsker, er ikke at ønske noget. Hun lærer ikke at lære. Hun prøver at lære eleverne om den gave at være menneske. Hun er optaget af lærdommens Tao; derfor kan hun tage sig af alting.

65

Ikke at vide: Teori og praksis

Fortidens lærere forsøgte ikke at uddanne deres elever, men lærte dem blidt ikke at vide.

Når elever mener at de kender svarene, er de vanskelige at undervise. Når de ved, at de ikke ved, kan de selv finde deres vej.

Hvis du vil lære at lære, så undgå at være arrogant og overlegen. Det enkleste er det klareste. Hvis du er tilfreds med et almindeligt liv, kan du lære dig selv vejen til din egen sande natur.

66

Undervisning fra den bageste række

Alt vand flyder ud i havet, fordi det ligger lavere end bække og søer. Ydmygheden giver havet dets kraft.

Hvis du ønsker at undervise andre, må du anbringe dig lavere end dem. Hvis du ønsker at lede, må du lære at følge.

Den vise lærer befinder sig over eleverne, og de føler sig ikke undertrykt. Hun leder eleverne, og de føler sig ikke manipuleret med. De påskønner hende. Fordi hun ikke konkurrerer med elevernes præstationer i undervisningssituationen, konkurrerer de heller ikke med hende. Hun kan undervise fra den bageste række i klasseværelset.

67

Kvaliteter i læreprocessen:
Enkelhed, tålmodighed, venlighed

Der er dem, der siger, at det er meningsløst at lære med Tao. Andre betegner det som idealistisk. De, der prøver at lære sig selv at kende, siger, at denne manglende mening giver god mening. De, der kan praktisere at lære med Tao, er rodfæstede i høje idealer.

Der findes kun tre kvaliteter i læreprocessen: Enkelhed, tålmodighed, venlighed. Disse tre kvaliteter er de største gaver.

Ved enkelhed i din læren og tænken vender du tilbage til tilværelsens kilde. Ved at være tålmodig med ven og fjende anerkender du, hvordan tingene er. Ved at være venlig overfor dig selv får du fred med verden.

68

Samarbejde/fællesskab

Den bedste lærer ønsker, at alle lærere underviser godt. Den bedste leder kan være sammen med sine folk. Den bedste rejsefører hjælper de mennesker, der er med på rejsen. Den bedste elev arbejder sammen med de andre i klassen.

Alle hylder de værdien af samarbejde og fællesskab. Ikke sådan at de ikke nyder konkurrence, men de arbejder i en legende ånd. På denne måde er de som børn og i overensstemmelse med Tao.

69

Respekt

Erfarne lærere siger: „I stedet for at lave et forkert træk i begyndelsen, er det bedre at vente og se. Det er bedre at gå én meter tilbage end at kæmpe sig til en ubetydelig fremgang."

Dette kaldes at gå frem uden at bevæge sig, at få kontrol uden trusler.

Der findes ingen større fejl end ikke at respektere sine elever. Ikke at respektere dine elever betyder, at du tænker, at de ikke kan lære; derved ødelægger du et stort potentiale, og du bliver heller ikke selv respekteret. Når lærere og elever ikke respekterer hinanden, går succesen til den, der er i stand til at give respekt.

70

Almindelig visdom

Det er nemt at forstå at lære med Tao og nemt at føre det ud i praksis. Alligevel kan dit sind ikke gribe det, og hvis du forsøger at efterligne det, vil det ikke lykkes.

At lære med Tao er ældre end tiden. Hvordan kan du finde dets mening? Hvis du vil lære at lære med Tao, så se ind i dit hjerte.

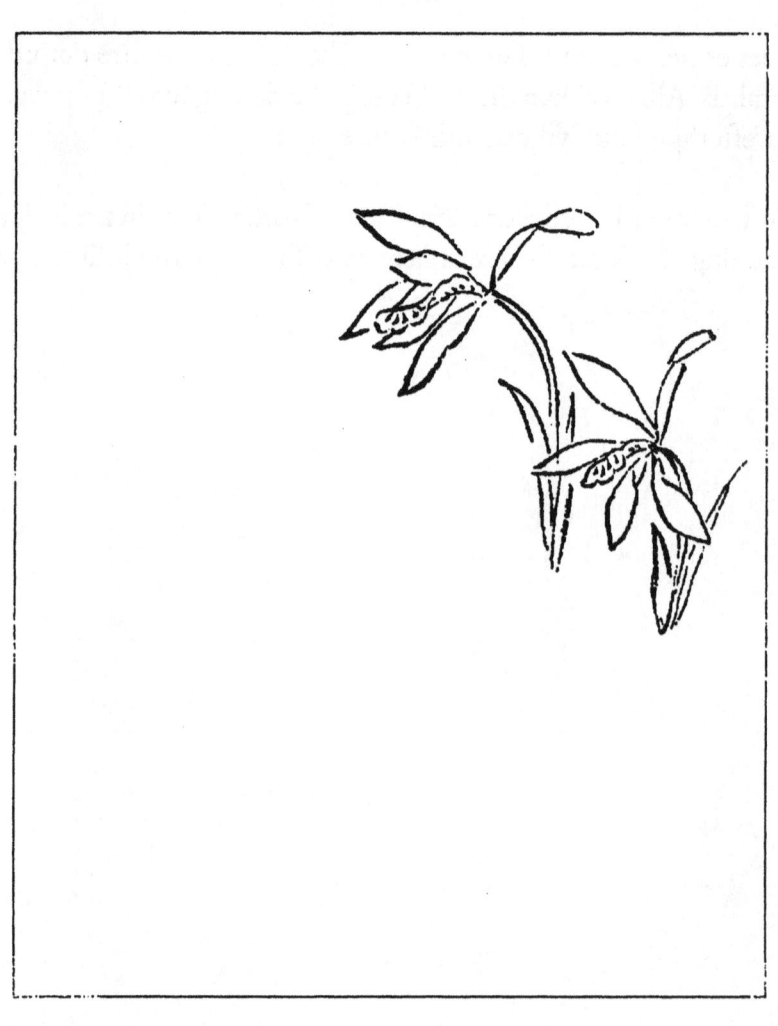

71

Ikke at foregive (den sårede healer)

Ikke at vide er sandhedens begyndelse. At foregive at vide kan være en forhindring.

Først må du indse, at du er uvidende; så kan du begynde at vide.

Eleven er sin egen healer. Når han ved, at han ikke ved, så er han i stand til at lære.

72

Inspiration

Når elever mister evnen til at undre sig, begynder de at lede efter kendsgerninger. Når de ikke længere stoler på sig selv, begynder de at blive afhængige af autoriteter.

Den vise lærer holder sig i baggrunden, så eleverne ikke bliver forvirrede. Hun underviser uden dogmer, så eleverne inspireres og beholder deres evne til at undre sig.

73

Mod til at vælge side

Lærdommens Tao er afslappet. Den er modig uden at være konkurrerende, den svarer uden at sige et ord, kommer uden at blive kaldt, fuldender uden en plan.

Dens synsvinkel er hele verden. Og selvom dens perspektiv er bredt, bliver intet overset.

74

Karaktergivning (Naturlige konsekvenser)

Hvis du er klar over at alle ting forandrer sig, er der intet, du vil prøve at fastholde. Hvis du ikke er bange for at fejle, er der ikke noget, du ikke kan forsøge.

At prøve på at kontrollere eleverne ved hjælp af karakterer, er ligesom at prøve at lege gud. Når du bruger en andens værktøj, kan du let komme til at skade dig selv.

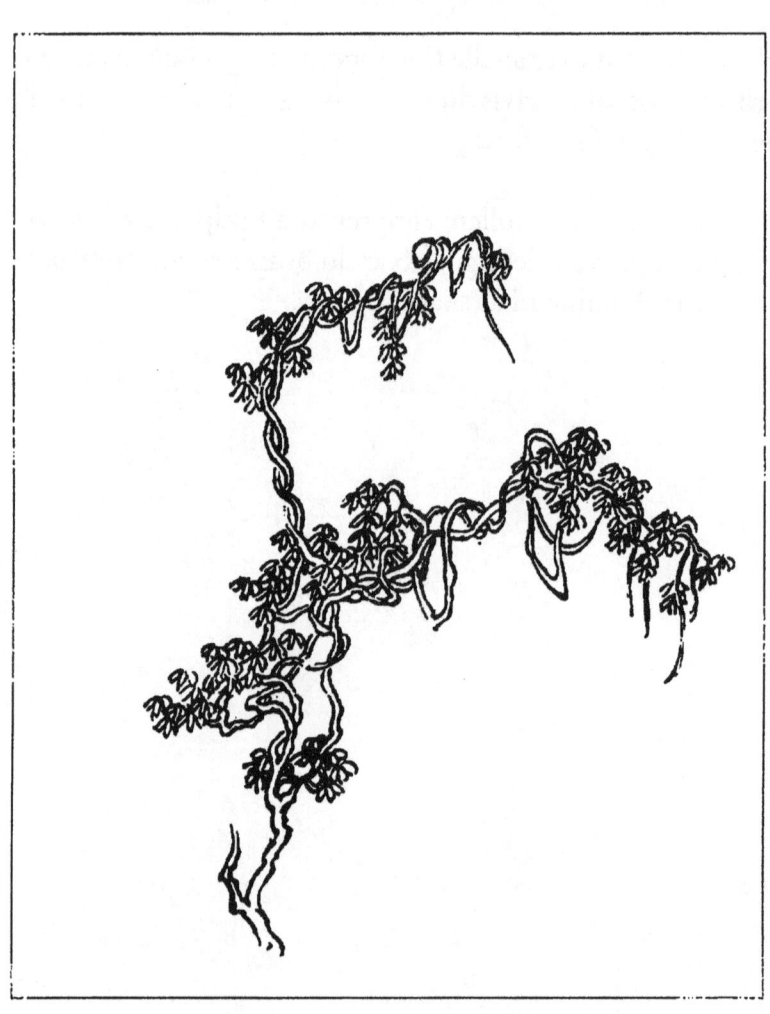

75

Tillid omkring undervisningen

Når reglerne er for skrappe, gør eleverne oprør. Når forholdene er for kontrollerende, mister eleverne modet.

Gå ind for det, eleverne har gavn af. Stol på dem; lad dem være i fred.

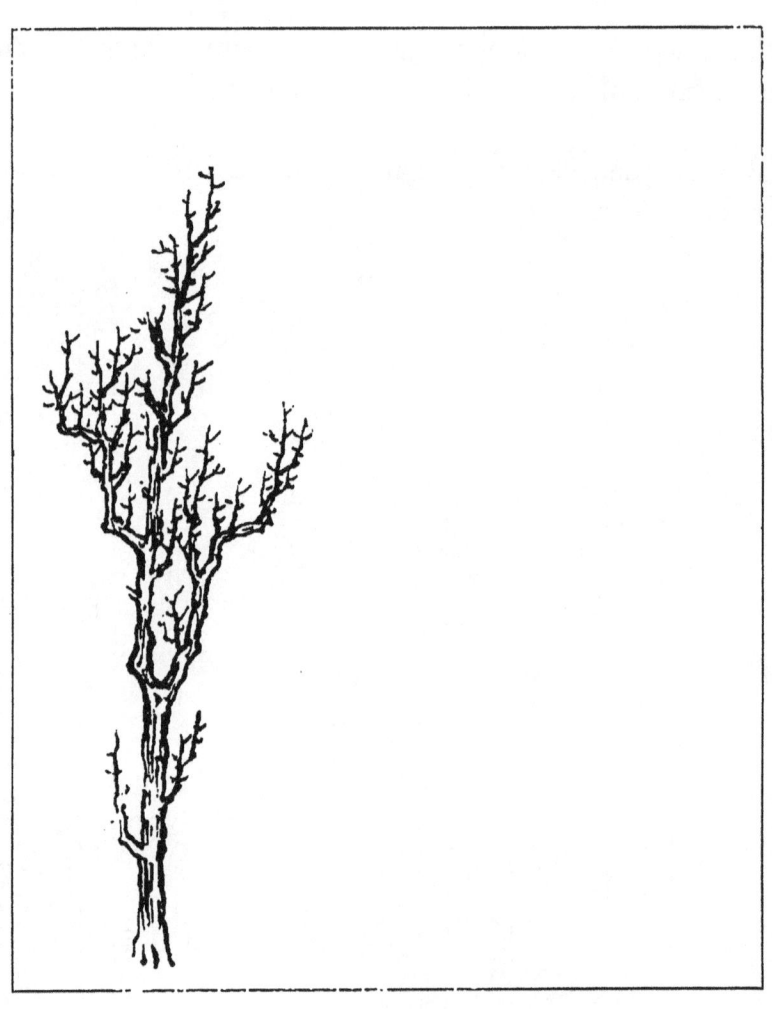

76

Blødt og hårdt

Folk fødes bløde og bøjelige; når de dør, er de hårde og skrøbelige. Planter begynder spæde og sarte; som døde er de tørre og stive.

Derfor er læreren, når hun er hård og ubøjelig, en budbringer for døden. Når hun er blød og eftergivende, er hun et varsel om liv. Det hårde og ubøjelige vil knække. Det bløde og eftergivende vil bestå.

77

Bag kulisserne

Læreren iscenesætter den situation, hvor der kan læres. Hun forsøger ikke at kontrollere eleverne på deres vej.

Læreren kan fortsætte med at lære, fordi mulighederne er ubegrænsede. Hun underviser uden forventning, har succes uden at tage æren, og ved, at hun ikke er bedre end enhver anden.

78

At vinde ved at være blid

Vand er blødt og eftergivende, dog overvinder det med sin blidhed det hårde og ubøjelige.

Den blide lærer overvinder de hårde elever; den fleksible lærer arbejder med den fastlåste klasse. Vi ved, det er det rigtige, men få kan gøre det i praksis.

Den vise lærer forbliver rolig selv ansigt til ansigt med vanskeligheder. Vrede får ikke adgang til hendes hjerte. Fordi hun er holdt op med at hjælpe, er hun elevernes største hjælp.

Et andet paradoks: Blidt er stærkt.

79

Fiasko som mulighed

Fiasko er en mulighed. Hvis du skyder skylden på andre, hører det aldrig op.

Den vise lærer udfylder sin rolle og laver lærestykker af sine egne fejltagelser. Hun gør, hvad hun har brug for at gøre, og kræver ikke af andre, at de også gør det.

80

Frihed (kærlighed)

Lærdommens Tao fødes i kærligheden til at lære og i de lærendes kærlighed. Det er friheden i det at lære og undervise, der giver den mulighed.

Hvis klasseværelset styres klogt, vil eleverne blive tilfredse. De nyder at lære, og spilder ikke tid med at spille op. Fordi de elsker deres lærer, er de ikke interesserede i at flygte. Fordi de elsker at lære, finder de eventyr og rejser i emnerne. Selvom de har lov til at gå, når klokken ringer, bliver de efter timen og fortsætter med at spørge. De er glade for at lære og forkaster derfor ikke skolen.

81

Sandfærdighed (Naturlig belønning)

Den enkle sandhed er tilstrækkelig; kunstfærdige, indviklede ord er ikke nødvendige.

Den vise lærer har ikke brug for at bevise sine synspunkter; de, der har brug for at bevise deres synspunkter, er ikke vise. Den vise lærer besidder ikke rigdom. Jo mere hun hjælper eleverne, jo rigere bliver hun. Jo mere hun giver sin viden til andre, jo større er hendes belønning.

Lærdommens Tao opstår ved at give eleverne næring til deres naturlige stræben. Elever lærer af undervisning uden tvang.

Indhold

Indtroduktion		7
1	*Hvad er Tao?*	9
2	*At undervise uden ord*	11
3	*Ikke-handlen*	13
4	*Fundamenter*	15
5	*Neutralitet*	17
6	*Åbenhed*	19
7	*At give slip/at være til stede*	21
8	*... Ægthed/At flyde som vand*	23
9	*At vide, hvornår du skal holde op*	25
10	*Uden forventninger*	27
11	*Tomhed*	29
12	*Indre og ydre visioner*	31
13	*Succes*	33
14	*At slappe af*	35
15	*Lærerens lærere*	37
16	*At dele kompetence/bemyndigelse*	39
17	*Læreren som jordemoder*	41
18	*Orden i kaos*	43
19	*At være centreret*	45
20	*Undervisningsvisdom*	47
21	*Ét med Tao*	49
22	*Paradoks*	51
23	*At være stille*	53
24	*At anstrenge sig for meget*	55
25	*Før begyndelsen*	57
26	*At bevare jordforbindelsen*	59
27	*At være fleksibel*	61
28	*Læreprocessens Yin/Yang*	63
29	*Hver ting til sin tid*	65
30	*Konflikt i læresituationen*	67
31	*Disciplin*	69

32	*Harmoni*	71
33	*Kend dig selv*	73
34	*Storhed*	75
35	*Enkelhed*	77
36	*Stærk og svag*	79
37	*At gøre mindre*	81
38	*Usædvanlig undervisning*	83
39	*En lærers styrke*	85
40	*Pause*	87
41	*God, bedre, bedst*	89
42	*Skabelse*	91
43	*Blidhed*	93
44	*Tilfredshed*	95
45	*At være tåbelig*	97
46	*Frygt*	99
47	*Væren i nuet*	101
48	*Ikke-indblanding*	103
49	*Tillid*	105
50	*Begyndelser og afslutninger*	107
51	*Forbindelser*	109
52	*Kilden*	111
53	*Besiddelser*	113
54	*At lade det gå videre: Hver lærer videre til én*	115
55	*Som en nyfødt baby: Begynderens sind*	117
56	*Integritet*	119
57	*At gøre mindre er at gøre mere*	121
58	*Udfoldelse: At være et eksempel*	123
59	*Mådehold*	125
60	*Naturlig proces*	127
61	*Ydmyghed*	129
62	*At fejle*	131
63	*At tage chancer*	133
64	*Livsafsnit*	135
65	*Ikke at vide: Teori og praksis*	137
66	*Undervisning fra den bageste række*	139
67	*Kvaliteter i læreprocessen: Enkelhed, tålmodighed, venlighed*	141
68	*Samarbejde/fællesskab*	143
69	*Respekt*	145
70	*Almindelig visdom*	147
71	*Ikke at foregive (den sårede healer)*	149

72	*Inspiration*	151
73	*Mod til at vælge side*	153
74	*Karaktergivning (Naturlige konsekvenser)*	155
75	*Tillid omkring undervisningen*	157
76	*Blødt og hårdt*	159
77	*Bag kulisserne*	161
78	*At vinde ved at være blid*	163
79	*Fiasko som mulighed*	165
80	*Frihed (Kærlighed)*	167
81	*Sandfærdighed (Naturlig belønning)*	169

www.ingramcontent.com/pod-product-compliance
Lightning Source LLC
Chambersburg PA
CBHW032258150426
43195CB00008BA/494